그대에게,
우리의 이야기

목 차

2장   반짝이던 우리의 청춘

3장   너와 나, 우리의 사이

4장   어김없이 찾아온, 우리의 이별

서언

누구나 불안하고 방황하고 안절부절못할 때가 있습니다. 특히 청춘은 늘 아름다운 만큼 아프고 슬프고 불안합니다. 저도 물론 그런 적이 있었습니다. 무모하게 인터넷에서 페이지를 차리고 글을 쓰게 된 지 어느새 2년이라는 시간이 흘렀습니다. 저에게 마음의 안식처가 되고 위로가 되는 말과 이야기들을 여러분에게 전하고 싶어서 이렇게 출판이라는 꿈도 이루었습니다. 제가 겪었던, 겪고 있는 이야기들을 읽으시며 여러분에게 힘이 되어주고 싶어서 이 책을 냈습니다. 꿈을 꾸는 동안 불안해하시는 분들, 아픈 청춘을 견디기에 많이 힘들어하시는 분들, 청춘을 견뎌내고 아쉬워하시는 분들, 이해하기 어려운 사람과 사람 사이에서 방황하시는 분들, 이별이 찾아와서 깊은 어둠 속에서 헤어나오지 못 하시는 분들, 누군가가 옆에 없어서 위로를 찾지 못 하시는 분들, 이 책이 조금이나마 위로가 될 수 있었으면 좋겠습니다. 항상 강조하고 싶은 것은 제가 화려하고 위대한 글보다 사소하고 소박한 글을 더 쓰고 싶습니다. 눈에 띄지 않아도 공감이 되고 깊숙이 스며들고 가끔씩 생각나며 은은한 작은 위로가 되었으면 합니다. 쓰는 사람은 저이고 읽으시는 분은 그대이지만 이 책에 담긴 이야기들은 우리의 이야기입니다.

꿈을 이룬다는 것은 참 쉽지 않은 일입니다. 혼자의 힘으로 절대 여기까지 올 수 없었던 것입니다. 이 자리를 빌려서 감사한다는 말씀을 꼭 전해드리고 싶습니다. 우선 탈고부터 이 책이 완성될 때까지 많이 도와주시고 힘도 되어주시고 의견도 많이 내주신 해나 씨에게 고맙다는 말을 꼭 하고 싶습니다. 교정 및 디자인 작업을 해주신 홍새솔 님과 유별리 님을 비롯해서 하움출판사의 모든 직원분들도 정말 감사드립니다. 수고 많으셨습니다. 그리고 항상 믿어주시고 지지해주시는 우리 부모님과 가족분들도 정말 감사드립니다. 하늘에 계신 우리 고모님도 정말 감사드립니다. 잘 보고 계실 거라 믿고 자랑스러운 조카가 되었으면 좋겠습니다.생각날 때마다 서글퍼지고 눈물이 나서 미안합니다. 늘 그리워하고 사랑합니다.

마지막으로 인스타그램으로 제 글을 읽어주시고 지금도 이 책을 읽어주시는 그대에게도 정말 감사드립니다. 많이 부족한 글을 읽어주셔서 늘 고맙고 감사합니다. 더 노력해서 더 좋은 글로 보답해드리겠습니다.

우야군

2019년 5월 16일

1장

머나먼 우리의 꿈

계단

꿈을 향해 달린다
한 걸음 한 걸음.
뒤를 보지 않는다
한 계단 한 계단.
힘들어도
돌아가지 않는다.
내려가는 것이 더 힘드니까.
저 먼 끝까지 도달할 때
세상을 밑으로 볼 수 있다.
꿈이 이루어질 수 있다.
끝까지 달려 보려고 한다.

오르막길

올라가는 길은
힘들다.
다만 오르막길의
끝에 있는 경치가
평생 잊지 못할 정도로
예쁘다.
성공까지 가는 오르막길도
무척 힘들다.
다만 성공의 맛은
평생 잊지 못할 정도로
달다.

산

산에 올라가 봤기에
올라가는 것이
얼마나 힘든지 알 수 있다.
꼭대기에 서 봤기에
노력할 보람이 있다는 것을
알 수 있다.
꼭대기에서 내려가 봤기에
내려가는 것이
얼마나 쉽고 빠른지 알 수 있다.
산 밑에 서 봤기에
올라갈 의지가
생길 수 있다.

도전

수많은 도전을 앞둔
그대 앞에 펼쳐진 미래에
불안감이 점점 커지고
때로는 무서워하고
때로는 어쩔 줄 모르고
때로는 포기하고 싶지?
도전이란
한없이 어려운 일이지만
작은 도전에 성공한 경험에서
용기를 얻어
더 큰
더 어려운 도전이라도
무조건 해낼 수 있을 거야.

기회

바람 같은 기회는
좀처럼 잡히지가 않는다.
아무리 잡아봐도
결국 놓쳐버린 기회에
원망하고
신경을 쓸 바에
차라리
잡힌 기회에
혼신의 힘을 쏟아서
끝까지 잘해 보자.

의지

의지가

왜 이렇게 중요할까?

억지로

의지로 버티는 경우가

많다.

언제 의지로 버텨야 되는가?

그 답은 바로

능력이 부족할 때다.

능력이 높을수록

의지의 중요성은 낮아진다.

그 의지가 빠진 틈은

능력으로 채웠으니까.

까치발

아무리 노력해도
안 되는 것이 있다면
그것을 되게 만드는 노력은
까치발이다.
힘겹게 까치발을 들고
조금만이라도
몸을 높이고
무엇을 보기 위한
무엇을 하기 위한
까치발이라는 노력.
노력해도 안 되는 것을
되게 만드는 노력.
까치발이라는 노력.

유리병 속 꿈

꿈이 담긴
유리병이 깨지면
어떻게 될까?
유리병에 담긴 꿈이
이루어질까?
아니면
유리병처럼
조각이 될까?

등불

늦은 밤
집으로 가는 길
등불의 빛에 의존해
한 걸음 한 걸음.
수많은 밤을 거쳐도
등불은 여전히 그 자리에서
은은히 빛을 줘.
빛이 갑자기 사라지면
얼마나 무서울까?
오늘도 그 자리에서
은은히 빛난다.

숲

숲에서
갈 길을 잃어버렸다.
앞길은 보이지 않고
뒷길은 이미 막혀있다.
거대한 나무가
햇빛을 막아버렸고
희망을 죽여버렸다.
나는 숲에서
꿈을 잃어버렸다.
그 도시라는 숲.

한숨

한숨이 나오는 대로
다시 일에 들어간다.
바쁘게 일을 하다 보니
많이 꾸던 꿈을 접고
꿈이란 무엇인지
점점 잊어버리게 된다.
사회가 흐르는 대로
흐를 수밖에 없다는 것에
한숨밖에 나올 것이
없다.
이 한숨은
꿈을 위한 묵념이다.

열정

열정은

비누 같은 존재다.

쓰지 않아도

그냥 놓여 있어도

조금씩 조금씩

사라져 버린다.

시간이 흐르면

결국 열정에게는

줄어드는 길밖에 없다.

열정이 아직 남아 있을 때

뭐라도 좀 해 보자.

언젠가는

다 사라져 버리리라.

고드름

고드름이 만들어지는 데는
시간이 오래 걸린다.
기나긴 시간을 거쳐야
커다란 고드름이 만들어진다.
하지만 이렇게 어렵게
만들어진 고드름은
굉장히 취약하다.
조금만 힘을 주면
부서지거나
떨어진다.
그것은 아마도
시간이 길어질수록
오래 버티지 못하기 때문이다.

신기루

보이지만
볼 수 없는
볼 수 있지만
만질 수 없는
저기 멀리서
가까이 오는
점점 기대감이
올라오는
내 작은 바람이
헛된 바람이
되지 않기를.

망연

한없이 넓은
바다 위
길을 잃은
방향을 잃은
배 위에 있는
나.

앞도 모르고
뒤도 모르는
그저 하나처럼 보이는
바다.
차라리
깊고 깊은 바닷속에서
새로운 방향을 찾는 것이
더 낫지 않을까?

외길

한 방향으로
열심히
힘차게
달려가서
결국
외길이라는 것을 깨달았다.
그 끝에 아무것도 없다.
빛도 없고
희망도 없다.
하지만 뒤를 돌아보면
찾고 있는
빛과 희망이
다 있다.
이제
뒤돌아서
다시 달려봐야 한다.

나

방황한 적
수십 번.
스스로 믿지 못한 적
수백 번.
스스로 마음을 이해하지 못한 적
수천 번.
그래도
나 자신에게
고맙다는 말을 꼭 하고 싶어.
나여서
참 고마워.
참 감사해
나여서.

후회

해서
후회하는 것이
나을까요?
안 해서
후회하는 것이
나을까요?
정말로 문제인 것은
어째서 후회해야 하느냐예요.
하든
안 하든
뒤돌아 보지 말고
후회하지 말아요.

밤비

밤새 내리는 비가
유리창을 두드리네요.
흘러내리는 빗물이
내 마음을 두드리네요.
굳게 닫혀버린 내 마음은
홀로 있는 씨 하나에
단비가 내리는 것처럼
새싹이 나고
다시 아름답게
피어날 것 같네요.
이 비가 그치고
저 꽃 한 송이가
다시 피어날 때
열려 있는 마음으로
저기 멀리서 꽃을 품고
서 있을게요.
가다릴게요.

콩나물

콩나물은
반드시
어둠 속에서
자라야 한다.
인간도
어두운 시절을
거치며
어둠을 이겨내야
단단히 자랄 수가
있다.

혼자 걷는 길

사람이 많고
북적거리는 길은
의미가 없어.
이왕 걸을 거면
차라리
혼자 걷는 길에 걸어.
항상 사람들을 따라가는 짓은
하지마.
한번만 살 수 있는 인생에선
혼자 걷는 길에 걸어.
혼자라도 두려워하지는 마.
끝에서 꽃길이 기다리고 있을 거야.

꿈길

어둠 속에서
별빛이 유난히 잘 보인다.
달빛이 유난히 잘 보인다.
불빛이 유난히 잘 보인다.
정적 속에서
매미의 소리가 유난히 잘 들린다.
희망의 소리가 유난히 잘 들린다.
저 끝에서
나를 부르는 소리가
유난히 잘 들린다.
꿈의 길은
항상 어둡고
항상 외로워서
빛은 더욱더 잘 보이고
소리는 더욱더 잘 들린다.

해 · 달

밤하늘에 걸려 있는 달을 보면
'어둠 속의 빛이 되고 싶다'
라는 생각이 들곤 한다.
다만 달은 자체 발광이 아니다.
태양의 빛으로 빛나는 달이 아닌
자체 발광인 해가 되고 싶다.
오늘도
언제나 빛나는 존재가 되기 위해
노력한다.

나방

나방은 늘 빛을 향해 날아간다.
빛을 찾다가
창문에 부딪혀
죽는 경우가 많다.
부디 나방처럼
빛을 향해서만
사람이 있는 데로만
가다가 죽지 말길.
어두운 데로
사람이 없는 데로 가서
불을 일으켜
살아남아라.
빛을 찾지 말고
빛을 만들어라.

별빛

반짝거리는

별들은

제일 어두운 순간에

빛을 준다.

세상이 어두워도

한없이 어두워도

앞길이 하나도 보이지 않게

두려울 정도로 어두워도

별들은 여전히

은은한 빛을 준다.

두려워하지 않는다.

별들이 있다는 걸

너무나도 잘 아니까

두려워하지 않는다.

다시 빛날 때까지

별은 언제나 그곳에 있지만
별빛은 언제나 있는 것이
아닙니다.
별빛이 도는 밤도 있고
별빛이 돌지 않는 밤도
있습니다.
별빛이 없는
별이 빛나지 않는 밤에도
걱정하지 마십시오.
곧 다시 빛날 테니까.
다시 빛날 때까지
믿음을 갖고
함께 기다려 주시겠습니까?

숯

숯은
피우기 어렵다.
그렇지만
피우고 나면
오래 간다.
한 순간만 비치는
불빛이 아니고
숯으로 피운 불은
오래오래 비친다.
마음에 나타난 불빛
부디 우연이 아니기를.
부디 숯으로 피운
불이기를.

꿈은 아름다운 꽃

가장 어려운 환경에서

가장 열악한 환경에서

가장 아름다운 꽃이 핍니다.

수많은 도전을 통해서

수많은 실패를 겪어서

아름다운 꽃이 핍니다.

가장 열악한 환경에서

흐르는 눈물이

양분이 되어

아름다운 꽃이 핍니다.

꿈이란 아름다운 꽃.

꿈을 위한 노력

꿈이 이루어질 때까지
하는 모든 노력이
때로는
무의미하게 느껴지고
때로는
헛되게 느껴지더라도
결국에 보람이 있을 거야.
꿈이 조금씩
멀게 느껴지더라도
한 걸음씩
한 발짝씩
다가가고 있는 거야.

빗물이 바다에 내리면

너무 힘들고
슬퍼질 때
가끔씩은
한번 울고 싶지.
힘들어도
괜찮아.
슬퍼도
괜찮아.
울어도
괜찮아.
바다도 빗물에 맞고
젖잖아.
눈물에
두 볼이 젖어도
정말
괜찮아.

그래도 괜찮아

부지런히 해서
보람이 없어도
괜찮아.
맨 처음에
조금 못 해도
가끔 틀려도
조금 늦어도
살짝 느려도
정말 괜찮아.
겨우겨우
시작을 한 거니까
정말 괜찮아.

촛불

촛불 하나가
어두운 방을
밝혀줍니다.
아무리 어두워도
촛불 하나면
온 세상이 밝아집니다.
촛불 하나는
꺼지기 쉽지만
다시 켜지기도
쉽습니다.
희망이란 것이 있다면
촛불이
켜질 수 있습니다.
불을 잃더라도
희망은 절대
잃으면 안 됩니다.

2장
반짝이던 우리의 청춘

놀이터 - 1

어릴 때 자주 다녔던
놀이터가
이제는 없어졌다.
시간이 훔친 것은
놀이터뿐만 아니라
우리의 동심
우리의 추억
우리의 기쁨
그리고
우리의 우정까지.

종소리

종소리는
항상 끝을 알리는 것 같다.
어릴 때부터
항상 좋아했던 소리가
수업의 끝을 알리는
종소리다.
마지막 수업의 종소리가 울릴 때까지
그 소리를 좋아했었지만
마지막 수업의 종소리는
굉장히 싫어했다.
그 종소리가 끝을 알리는 것이 아니라
또 하나의 시작을 알렸다.
그 종소리가
우리의 성장을
쫓은 것 같았다.

하굣길

학창시절에
가장 빨랐던 발걸음은
하굣길 위 집으로 향하는 발걸음이다.
1초라도
더 빨리 집에 가고 싶은 마음에
1초라도
더 빨리 학교를 벗어나고 싶은 마음에
발걸음이 더 빨라진 것 같다.
하지만 발걸음이 가장 느렸을 때도 하굣길
이다.
1초라도
학교에 더 머물고 싶은 마음에
1초라도
친구들과 더 있고 싶은 마음에
발걸음이 더 느려진 것 같다.
그 마지막 하굣길은
발걸음을 쉽게 내디딜 수 없었다.

아픈 청춘 - 1

청춘이
아프다고들 한다.
모두에게 한결같이
아픈 청춘
도대체 왜 이렇게 아플까?
이별로 가득찬
모두의 청춘시대.
철이 덜 든 시기에
밀려오는
친구들과의 이별
사랑과의 이별
그리고
가족들과의 이별.
이 모든 이별을
이 모든 일들을 감당하기에는
너무나도 어린 나이라
청춘이 모두에게 아프다.

아픈 청춘 - 2

이별로 가득찬
모두의 청춘시대.
이별이 올 때마다
옛날 추억이
회전목마처럼
새록새록 떠오른다.
그 길지도 않고
짧지도 않은 동안
추억이 이렇게 많이 쌓였는지도 모르고
벌써 다가오는 이별에
추억을 잃을 듯한 두려움과
좋은 사람을
다시 만날 수 없을 듯한 불안감에
결코 눈물이 흐를 수밖에 없다.
그래서 청춘이 아프다.

젊음이란 핑계

청춘이 아름다운 이유는
젊어서 모든 것이
용서되기 때문이다.
하지만 젊음이란 핑계로
모든 것이 용서될 수는 없다.
어린 나이로 사회에 나가면
사람들이 결국 똑같이 요구하며
젊어서 할 만한 잘못이라도
결국 용서되지 않는다.
그러므로 모든 결과를
혼자 받아들여야 하기에
청춘은 사실 아름답지 않다.

청춘 열차 - 1

어떤 잘못을 해도
용서받을 수 있는
어떤 잘못을 해도
다시 할 기회가 주어지는
어떤 잘못을 해도
아무리 후회스러워도
괜찮아지는
그곳으로 가는
열차를 타고 싶다.

청춘 열차 - 2

어린 날의 장난감처럼
갖고 놀았던
청춘이라는 열차가
어느새
눈 앞에서
사라졌다.
언제 사라졌는지
어떻게 사라졌는지
왜 사라졌는지
알 수가 없다.
누가 가져갔을까?
또 누구한테 달라고 해야 될까?

청춘 열차 - 3

청춘이란 열차
우리가 살 수 있는 표는
단지 편도일 뿐.
출발하면
다시 돌아갈 수 없고
다시 돌이킬 수 없는
편도 열차.

청춘아 안녕

밝게 반짝이던
나의 청춘이여
이젠 안녕.
아프게 했던
방황하게 만들었던
나의 청춘이여
이젠 안녕.
많이 가르쳐주었던
나의 청춘이여
이젠 안녕.
그립고 그리울
나의 청춘이여
이젠
웃으며 안녕.

옛날 친구

예전에 학교를 다닐 때
정말 친하게 지냈던
친구들이 많았죠.
그러다 말이 점점 줄어들고
오해가 있어서 그런지
사람이 변해서 그런지
결국 서로에게 멀어지고
낯선 사람이 됐네요.
먼 훗날에 다시 만나도
예전처럼
친하게 지내지 못할 거예요.
운명이 우리를
다시 친해지지 못하게 만든 게
참 아쉽지만
그래도 한동안 친하게 지낼 수 있었기에
참 좋은 기억으로 간직할게요.

철

어느새
철이 없어도
철이 들 수 없어도
철이 들 수밖에
철이 들어야만 하는 시간이
슬금슬금 왔다.
앞만 보고 달려왔던
나의 삶이 무색해질 만큼
철이 들어야 하는 시간이 왔다.
책임으로
아픔으로
이별로 가득찬 삶이라는 것을
알아야 하는 시간이 왔다.

커피

커피의 쓴맛을 이해하게 될 때
인생의 쓴맛도 이해하게 된다고 한다.
실은 그 쓴맛을 이해하는 것이 아니라
익숙해져버린 것을.
습관이 돼 버려서
더 이상 벗어날 수 없어서
익숙해진 거다.
인생도 그렇다.
슬픈 일을 몇 번이나 겪고 나면
더 이상 슬픔이 느껴지지 않는다.
그 슬픔에 익숙해진 거다.
모든 것이 익숙해질 때
감정 없이 살아가게된다.
기쁨도 없이, 슬픔도 없이.

불꽃

불꽃은 아름답다.

하지만 순식간에 사라진다.

사랑에서도

인생에서도

그런 경우가 무척 많다.

아름답지만

순식간에 사라지는 것이

많다.

그래도 상관없다.

중요한 것은

아름다운 것을 오래 가지는 것이 아니라

가진 적이 있다는 것이다.

좋은 기억으로 남아

가끔씩 기억의 서랍에서 꺼내어

다시 느껴도 좋으니까.

시간 여행 - 1

익숙했던 하굣길
익숙했던 그 거리
익숙했던 그 식당
익숙했던 사람들
익숙했던 시간들
갑자기
모든 게 다 그때로
돌아온 것 같아.
그리워
그때의 우리들.

시간 여행 - 2

전화기로 음악을 들을 때
셔플을 누르면 으레
시간 여행을 다니는 것 같다.
어렸을 때
굉장히 좋아했던 노래.
잠이 오지 않던 밤에
나를 편히 재워 주었던 노래.
옆사람을 잃었을 때
나를 위로해 주었던 노래.
친구와 같이 듣고
춤추었던 노래.
노래는 다시 들을 수 있지만
추억은 다시 돌릴 수 없다.
어렸던 그때로도.
편히 잠들었던 그때로도.
옆에 누군가가 있었던 그때로도.
친구와 같이 있었던 그때로도.

시간 여행 - 3

여러분은 돌아가고 싶은 때가
언제일까요?
저는
우려 없이
뛰고 놀았던
학창 시절로
처음으로 그대를 만났던
그때로 돌아가고 싶어요.
우려가 없어서
마냥 좋았어요.
처음이어서
마냥 설레었어요.
꿈 같아서
돌아가고 싶어요.

푸른 잔디밭

푸른 잔디밭 위에서
활기차게
뛰고 있는
어린이들.
청춘의 땀으로
잔디에게 물을 주는
청춘이들.
푸른 잔디밭은
빗물로 자란 것이 아니라
청춘이들의 땀으로
자란 것이다.

어린 날의 나

어린 날의 나는
꿈을 많이 꾸었던
아이였다.
다른 애들이
신나게 놀고 있었을 때
나 혼자만 하늘을 보며
많은 꿈을 꾸었다.
시간이 흘러서
꿈이 많았던 그 아이는
꿈을 하나도 이루지 못하고
순식간에 어른이 돼 버렸다.
어른이 되고
유독 그대로인 것은
꿈이 많은 것이다.
여전히 꿈이 많은 그대
잘 지내고 있는가?

그네

그네를 타고
하늘로
날아갈 수 있을까요?
모두들
어린 날에
품었던
위대한 꿈은
그네를 타서
높이 날아가는 거였죠?
어른이 돼버려서
어린 날의 꿈도
잊어버렸죠?
언젠가는
다시 그네를 타서
저 파란 하늘로
날아갈 수 있길.

지하철

내가 어렸을 때
지하철을 타는 것을 매우 좋아했다.
사소한 안내 방송과
문이 열리고 닫히는 소리가
마냥 좋아서
매번 말도 안 되는 핑계를 대고
엄마한테 지하철을 타게 해달라고 했다.
하지만 지금은 그러지 않는다.
아무것도 보이지 않는 지하에 갇혀 있는
지하철을 탈 때는
분위기가 다소 어둡고
매우 밝지 않다.
어릴 때 좋아했던 안내 방송도
나를 밖으로 내쫓는 듯 들려
더이상 좋아하지 않는다.
누가 지하철을 변화시켰나?
아니면 누구의 마음이 변했나?

동네

어느 날 갑자기
버스를 탔다가
어릴 때 살았던
동네를 지나쳤다.
그때의 기억
그때의 내가
그때의 우리가
문득 떠올랐다.
길밖에 그대로인 것이
단 하나도 없는 것 같다.
너무 달라진 풍경
너무 달라진 느낌
너무 달라진 우리
그때의 모든 것들
언젠가
되돌릴 수 있을까?

놀이터- 2

어렸을 때
좋아했던
놀이터.
어린 시절이 지나고
놀이터는 여전히
그대로지만
더 이상 놀이터에
가지 않는 내게.
옆에서 보는 것밖에
못 하는 내게.
더 이상
기쁨과 기대가 될 수 없는
놀이터.

유실물 보관소

유실물 보관소 안에

수많은 것들이 있다.

잃어버린 우산.

잃어버린 가방.

이것들보다 되찾기 어려운

잃어버린 지갑.

잃어버린 열쇠.

이것들보다 되찾기 더 어려운

잃어버린 인연.

잃어버린 행복.

이것들보다 되찾기 더욱더 어려운

잃어버린 추억.

잃어버린 감정.

혹시

내 잃어버린 것들이

어느 유실물 보관소 안에

있을까?

유리창으로 보는 밤하늘

유리창 밖으로
밤하늘을 보려고
한 적이 있다면
한 가지의 사실을
깨달았을 것이다.
자기의 모습밖에 안 보인다는 것.
하늘이 어두울수록
자기의 모습밖에
보여주지 않는 유리창.
마치 고단했던 하루를 지낸
나를 위로해 주는 것처럼
우리의 모습만 비친다.

빗속의 추억

갑자기 쏟아지는 폭우 속에서
문득 옛날의 추억이 떠오른다.
하나둘씩 떨어지는 빗방울에
우리의 옛이야기가 담겨있다.
머리가 흠뻑 젖어도
서로를 마주보며
마냥 행복해서
웃음이 터졌던 우리.
흠뻑 젖은 그대는
정말 귀엽고 예뻤다.
빗속에서 보았던 그대가
지금도 여전히 선명하고
아름답다.

아직

인생에서는
아직이란 표현이 항상 나타난다.
살면서 해야 할 일은
아직이란 말을
이미로 바꾸는 것이다.
하지만 아직인 것이
무조건 이미인 것보다
많다.
오늘도 아직인 것이
많이 남아있다.

비바람

거센 바람에
비까지 오네요.
바람에 고개를 숙여
좁은 돌 사이에서
못다 핀 꽃 한 송이
비를 맞아
자기를 숨기고
또 숨기네요.
괜찮아요.
비가 그칠 때쯤
바람이 그칠 때쯤
다시 고개를 들어요.
부디 아름답게
피어나길.

하얀 도화지

인생은 도화지다.
태어났을 때는
하얀 도화지로 시작하고
한 줄 그리기 시작하면
끝까지 그림을 완성해야 된다.
때로는 잘못 그리고
때로는 어떻게 그려야 될 지도
모르겠지만
그래도 괜찮다.
인생의 성취는
이 그림을 얼마나 잘 그렸는지가
결정하는 것이 아니라
이 그림을 완성했는지 안 했는지가
결정하는 것이다.

3장
너와 나, 우리의 사이

흑과 백

세상은
늘 어둡고
까맣다.
하지만
세상의 어두움이
당신의 순백에
묻지 않도록 하시오.
어두움 속의
순백한 점이
세상에서
제일 빛나는 점이
될 테니까.

누군가의 미소

자기의 미소조차

지킬 수 없는

한 사람이

누군가의 미소를

지키고 싶어한다.

정말 아끼고

지키고 싶은 미소를 가진

한 사람이 생겼다.

자기의 미소보다

더 지키고 싶은

그대의 미소.

그대여서

수많은 사람들 중에서
그대를 만난 것은
정말 인연이고
참 다행인 것 같다.
그대여서
행복해지고
그대여서
심심한 하루도
재미있어지고
그대여서
아무리 나쁜 하루라도
아무렇지 않게
견뎌낼 수 있다.

베개

인생에서
베개같은 사람만을
찾고 싶다.
나를 재울 수 있는
내 머리를 댈 수 있는
내 냄새를 남길 수 있는
베개같은 사람을
찾고 싶다.

물

물이
물이어서
깨끗한 것이 아니다.
다른 것을 깨끗이
씻을 수 있어서
깨끗한 것이다.
마음도
마음이어서
착한 것이 아니다.
남에게 상처를 주지 않아서
남에게 도움을 줘서
남에게 위로가 되어 줘서
착한 것이다.

이 밤

하늘 위에서
별이 반짝이는 이 밤.
하늘 아래서
반짝이는 너와 나.
반짝이고 사라지는
별과 달리
이 밤에 반짝이는 우리는
사라지지 않길.
영원히 빛나길.

누가

누가 우리에게
기쁨을 주고
또 어느새
조용히 훔쳐갔을까?
기쁘고
행복한 시간은
늘 짧고
공허하고
허전한 시간은
늘 길다.
도대체
누가
우리의 기쁨을
우리의 행복을
훔쳐갔을까?

인연

인연이라는 것은
참 묘하다.
조작할 수도 없고
완전히 하느님의 뜻으로
흘러간다.
너와 나의 만남도 그렇고
너와 내 옆에 스치는 사람도 그렇고
다 인연 때문이다.
가끔씩 인연을
책을 펴는 것처럼
놓치게 되지만
둘이 정말 인연이라면
언젠가는 다시 만날 거다.
나는 그렇게 믿는다.

바쁨

'바빠서 못 나올 것 같아 미안'
'바빠서 전화 못 받았어 미안'
'바빠서 깜빡했어 미안'
할 일이 많아
시간이 없을 때
이런 문자를 자주 보낸다.
단지 바쁨은 핑계일 뿐.
중요시하는 사람이라면
아무리 바빠도
못 나오지
전화를 못 받지
깜빡하지
않을 것이다.

선물

모두가

모두에게

선물이다.

누군가는

누군가에게

마음에 드는 선물이고

누군가는

누군가에게

마음에 들지 않는 선물이다.

하지만 결국에

선물은 선물이다.

자신에게

생긴 거다.

모두가

모두에게

득이다.

태풍

인생에
태풍처럼
잠시 들렀다가
큰 혼돈을 남겨 두고
무정하게 떠난 분이
많습니다.
그런 사람들에게는
감사한다는 말을 꼭 하고 싶습니다.
태풍의 거센 바람과
얼굴에 부딪힌 폭우가 있기 때문에
지금의 나는
단단히
당당히
설 수 있습니다.

스쳐지나는 사람

나는 정이 쉽게 많이 드는 사람이다.

그래서 내 인생에 스쳐지나는 사람은

나에게 참 큰 부담이다.

그의 아픈 사연

슬픈 사연을

알게 되거나

몰래 깨닫게 되면

나도 아파지고

슬퍼진다.

한번만 본 사람이라도

얘기를 나눴으면

자꾸 보고 싶어진다.

나에게 항상 부담이 되는

스쳐지나는 사람들

언제쯤 문제가 되지 않을까?

누군가에게

지난 1년 동안
나에게 넌
또 너에게 난
무엇이 됐을까?
다가올 1년동안
나에게 넌
또 너에게 난
무엇이 될까?
누군가는 누군가에게
인연이지만
누군가는 누군가에게
악연이다.
악연이라면
이미 줘버린 정도
아직 남아있는 정도
확실히 접어야 한다.

승차권

손에 들고 있는
이 승차권은
나를 어디로데려가는가?
모른다.
세상에 온 모든 사람은
이 승차권을 들고 있다.
어떤 사람은 입석이고
어떤 사람은 1등석이고
어떤 사람은 2등석이다.
하지만 어느 석이든
다들 같은 곳으로 간다.
그것은
인생이다.

인생열차 - 1

인생이란 열차는
정류장이 없는 직통 열차가 아닌
정류장이 많은 일반 열차입니다.
삶에 지치거나 힘들 때
정류장에 내려서
잠시 쉬다 가십시오.
정류장에 내리면
뜻밖의 인연을 만나게 될 지도 모릅니다.
충분히 쉬고
다시 열차에 타십시오.
인생열차는
아무도 내릴 수 없는
직통 열차가 아니라
언제든지 내릴 수 있는
일반 열차입니다.

인생열차 - 2

인생열차는
딱 한 대만 있는 것이 아니다.
지금 이 상황에서
이 목표로
더 이상 가기엔
더 이상 버티기엔
더 이상 노력하기엔
너무 힘들다면
너무 지친다면
너무 무리라면
건너편에 있는 열차로
갈아타시오.
포기하는 것은
죄가 아니라
자신에게 새로운 출발을 주는 것이다.

인생열차 - 3

인생열차는
일방통행이다.
직진할 수밖에 없다.
열차에서 내린 결정을
후회하지 않도록
신중히
잘 선택해라.
후회해도 소용이 없으니까.
돌아갈 수는 없으니까.

인생열차 - 4

인생열차는
롤러코스터다.
올라갈 때는
거북이보다 느리고
내려갈 때는
치타보다 빠르다.
올라갈 때
마음의 준비를 해야
내려갈 때
마음이 감당할 수 있다.

인생열차 - 5

어디로 향할지 모르는
열차에 탔다.
목적지도
누구를 만날지도
어떤 일을 겪을지도
모르지만
두렵지는 않다.
세상 사람이 모두 다
이 열차에 탔으니까.
바로
인생이란 열차.

종점

마지막에 내렸더니

마지막까지

함께 타온 사람은

결코 가장 좋아했던

가장 사랑했던 사람이 아니다.

옆에서 나를 보며

웃고 있는 사람은

항상 내 주위에서

묵묵히 지켜봐왔던 그 사람이다.

뜨거운 사랑은

불꽃처럼

예쁘지만

영원하지 못하다.

마지막까지 함께 할 수 있는 사람은

묵묵히 사랑했던 사람밖에 없다.

같이 걷는 길

산다는 것은
잠시나마
같이 걸을 수 있는 사람을
열심히 찾고 또 찾고
그 잠시간 동안 같이 걷고
결국 혼자 남아서
남은 길을 걷는 과정이다.
친구든 애인이든
과객이든 가족이든
잠시만 같이 걸을 수있어도
같이 걷는 길은
마냥 행복하다.
그대가 있어서 정말 행복했다.

일기장

일기장 한 권 한 권에
써 내려간
나의 하루 일과.
하루에 만난 사람들과
하루에 있던 사연들
하나하나씩
잘 기록하고 싶다.
시간이 흐르고
추억마저 얼룩진 뒤라도
일기에 써 내려간
사람들 사연들은
여전히 그대로 있다.
머리에 남아있지 않아도
일기를 썼던 그때 남긴
손의 온기를
마음으로 느낄 수 있다.

기억해

살아가면서
여러 사정으로 인해
하나의 일
하나의 행동을
더 이상 하지 못하게 될 때마다
아쉬움을 느끼는 사람이 많다.
기억으로만 남을 수 있는 것을
아쉬워하지 말고
그냥 기억해라.
더 이상 할 수 없지만
기억으로 남을 수 있잖아.
시간이 흘러서
남을 수 있는 것은
기억밖에 없잖아.
그냥 기억해라.

훗날의 나, 그리고 우리

먼 훗날에 나는
그대를 완전히
잊어버릴 거예요.
그대가 나타나기 전
그때처럼 살 거예요.
그때의 기억이
더 이상 떠오르지 않을 거예요.
하지만
먼 훗날에 다시
그대를 만난다면
끝까지 붙잡을 거예요.
더욱더 잘해줄 거예요.
그때처럼
그저 스쳐간 기억이
또 되지 않을 거예요.

마주보며 웃어주기

친구였던 우리
예전에는 자주
마주보며 웃었지만
어느 순간부터
웃어주기는커녕
마주볼 수도 없게 되었다.
둘 다 이유를 모르지만
어느 순간부터
그렇게 되었다.
항상 안아주던 친구가
어느새 잘 안아주지 않게 되고
항상 얘기해주던 친구가
어느새 잘 얘기해주지 않게 되고
그리고
웃음도 사라지게 되었다.

가슴이 아플 때

가슴이 아플 때
이유를 생각해 본다.
왜
가슴이 아플까?
진심을 전하지 못해서
거짓말을 해서
가슴이 아프다.
마음에 있는 생각을
솔직하게 말할 수 없을 때는
가슴이 아플 때다.

가면

예쁜 미소 아래
감춰져 있는
수많은 모습들
수많은 느낌들
수많은 감정들
현실은 잔인하다.
현실은 사람마다
가면을 입히고
가면을 또 입힌다.
미소라는 가면.

깃털

깃털은

어떻게 돌봐야 합니까?

살짝 젖으면

털이 뭉치고

바람이 불면

털이 떨어지고

깃털은 그렇게

연약합니다.

세상에서 깃털보다

더 연약한 것이 있습니까?

있습니다.

바로

사람의 마음입니다.

글루

글루로 붙은 종이는 든든하다.

억지로

큰 힘으로 떼어 봐도

떨어지지 않는다.

단지 종이가 찢길 뿐이다.

하지만 시간이 지날수록

글루는 말라 간다.

글루가 다 말라 버리면

종이를 쉽게 뗄 수 있다.

사람들도

믿음이 다 말라 갈 때

떨어지기

외면하기

떠나 버리기가 쉽다.

일부와 전부

누군가의
일부였던 내가
누군가가
내 전부가 됐던 그때
문득 생각이 난다.
일부의 기억은
잘 지워지지만
전부의 기억은
결코 지워지지 않는다.
지금은 그 누군가가
또 누군가의 일부가 되었을까?
아니면
누군가가
그의 전부가 되었을까?

별과 달

별은
달이 빛나지 않을 때는
빛나지 않는다.
달이 빛날 때만
별도 빛난다.
어두움 속의 빛을 책임지는
별과 달
꼭 함께 해야 한다.
달의 빛을 잃은 별은
빛날 곳도
갈 곳도 없다.

낮과 밤

낮은
밤의 어두움과
서러움을
모른다.
밤은
낮의 맑음과
기쁨을
모른다.
서로의 감정을 모르는
낮과 밤처럼
갈라진
너와 나.

너와 나, 우리의 온도

찾아온 시린 겨울처럼

점점 식어버린

너와 나

우리 사이.

다시 따뜻해질 봄을

기다리지 못하고

조만간 떨어질 것 같은

너와 나.

우리 사이는

결코

점점 떨어지는 온도를

이기지 못할 것 같다.

우리 서로

처음에 만났던
우리
조심스럽고
서로 어색했던
그때
지금
말 안 해도
서로 통하는
우리
이제
이별의 시간이
다가왔어요.
우리
다시 만날 때
서로
어떤 모습으로
마중할까요?

4장

어김없이 찾아온
우리의 이별

이별

이별을 앞둔 기분이
어떤가요?
곧 만날 것을
뻔히 알면서도
이별이란 것은
아무렇지 않아도
짠한
딱한
느낌을 주는 존재예요.
마음 준비를 충분히 해도
코끝이 찡한 순간은
피할 수 없어요.

잠시

피하고 싶던
이별이 결국
찾아왔네요.
슬프지만
속상하지 않은
울컥하지만
울지 않는
이 순간
너와 나의 생각은
어떤가요?
잠시만 떨어질 걸
너무나도 잘 알기 때문에
지금은 웃으면서
작별 인사하자.
머지않은 만남이 올 때까지
서로를 그리워해보자.

불꽃

불꽃은
한순간
빛나다가
연기밖에
안 남는다.
그래도 불꽃은
잠시나마
빛났다.
인생도
마찬가지다.
세상에서
잠시나마
빛나다가
누구에게
머물다가
가는 것이다.

잠깐, 평생

잠깐 스쳐간 사람은
평생으로 잊어야 한다.
다 잊었다고
다시 생각이 나지 않을 거라고
생각을 해도
어느 날 갑자기
그가 남긴 흔적이 다시 스치면
마음을 약하게 먹었으면
그저 아무 이유가 없이도
문득 떠오를 수 있다.
삶에서 아주 잠깐 머물던 사람이라도
잊는 데에 평생의 시간이 걸린다.
평생으로
잠깐 스쳐간 그대를 잊어야 한다.

이별의 이유

두 사람이
사랑하고
떨어지고
마음이 변하고
헤어졌다.
무슨 이유로 헤어졌을까?
원래 이 세상에
이별의 이유란 것이 없다.
사랑에 빠지는 것처럼
이별에도 이유가 없다.
인간의 마음이
이유 없이 변하니까.

보냄

하나를

보낸다는 것은

너무나도 힘든 일인 것 같아.

곳곳에 남은

그의 흔적과

곳곳에 남은

그와의 추억들

하염없이 슬퍼져서

자꾸만 마음을 건드리는 것 같아.

그 감정

그 슬픔

나눠주는 사람이 있어도

결국에는

스스로 헤어나와야 될 것 같아.

그것이

제일 어려운 것 같아.

배려

배려를 받는다는 것은
당연히
당연한 것이 아니다.
항상 나를 배려해줬던
그대.
항상 그대의 배려를 받았던
내가.
돌려주지 못한
나 자신이
그저
민망하고
쑥스럽고
미안하다.
그래도 항상
배려해줬던 그대가 있어서
행복했다.

머리와 그리움

그리움은

머리와 같다.

머리처럼

길어지기만 하고

자르려면

큰 마음을 먹어야 한다.

결국

세월이 지날수록

머리는 길어지기만 하고

그리움도

길어지기만 한다.

비가 내리는 밤바다

겨울의 밤바다 위

파도가 부딪치는 소리

철썩철썩

오늘은 비가 내리는 소리

추르륵 추르륵

바다에 내리는 빗물은

금세 사라지고

볼 수 없겠지만

그대를 향한 그리움은

바다에 쌓이는 빗물처럼

한없이 올라와

그리 쉽게 사라지지

않습니다.

등불

약속을 잡고
내가 늦게 왔을 때
항상 집 앞 등불 아래에서
나를 기다렸던
그대.
이제
등불은 여전히 거기에 서 있고
그대는 없다.
아무리 늦게 와도
나를 기다리는 그대는
없다.

그 사람

짧은 여행 중에
우연히 만난
그 사람.
그 사람이 좋아하는
커피 한 병을
나 오늘도
마셔본다.
'이런 맛이구나.'
그 사람의 생각이 떠오르며
어느덧
커피 한 병을 다 마셨다.
그 사람에 대한
그리움
그 사람과 나눴던
그 순간들도
다 마셨다.

마음의 빈자리

서로에게 하나가 되었던
우리
그대가 떠난 후에
그대가 가져간 조각들이
마음의 곳곳에
빈자리를 남겨버렸네.
그대도 그렇겠지 생각을 했지만
지금쯤 그대는
비어있던 자리를
누군가가 채워주었지.
내 마음의 빈자리는
여전히 그대로
비어있네.

빈자리

인생에 가득찬 것은 이별이다.

이별 뒤에 남은 것은

빈자리다.

이별의 아픔을 이겨낼 수 있는 방법은

오직 빈자리를 채우는 것뿐이다.

빈자리를 채우는 방법

첫째는 미움.

둘째는 분노.

셋째는 슬픔.

넷째는 눈물.

눈물로 빈자리를 가득 채운 뒤

빈자리가 사라진다.

이어서 불안함과 낯섦,

아픔도.

아픈 이별

어떠한 사랑이라도
아무리 뜨겁게 사랑을 했더라도
아무리 서로를 아끼고
사랑을 했더라도
결국 서로에게
아픈 추억으로 남을 수밖에
없다.
끝은 항상 아프니까.
이별은 항상 아프니까.

여기까지

기쁨은
여기까지.
슬픔도
여기까지.
눈물은
여기까지.
웃음도
여기까지.
추억은
여기까지.
우리 사이도
여기까지.
우리 둘의 테이프는
끊어지고
여기까지.

말린 꽃

꽃의 아름다움을
남기기 위해
꽃을 말린다.
하지만
그의 아름다움이
남아있어도
그의 향기
그의 영혼은
남아있지 않다.
꽃을 말리고
내게 남은 것은
텅 빈 껍데기일 뿐.

미워도 그리워

이별 뒤에 남은
가장 강한 감정은
미움과 그리움이다.
죽을 듯이
미치게 그립고
보고 싶으면서도
너무 미워서
다시 보고 싶지 않다.
미움과 그리움은
세상에서 가장 반대되는 감정이며
항상 함께 나타나는 감정이기도 한다.

비

비가 온다.
창가에 떨어지는 빗방울.
내 마음도 따라서 떨어진다.
어느새 얼굴에 떨어지는 눈물
그리움이 되어
머리에 스친다.
창 밖에 급히 피하는 사람을 보며
아…
나도 너와 이랬지.
그립다 그리워.

너 없이

너 없이도
잘할 수 있다.
너 없이도
해낼 수 있다.
너 없이도
기뻐질 수 있다.
너 없이도
행복을 찾을 수 있다.
너 없이도
살아갈 수 있다.
너 없이도
괜찮아질 수 있다.
얼마나 좋을까?

양말

옷장에서
항상
한 쪽만 있는
양말이 나와요.
짝을 잃어버린 거죠.
해가 없는 달
잎이 없는 나무
그대 없는 내가
마치
한 쪽만 남은
양말처럼
외롭고
허전하고
슬프다.

우산

한 사람을 잃은 것은
마치
폭우 속에서
우산을 잃은 것처럼
방황하게 되고
처참하다.
비가 올 때마다
그때 우산이 되어준 그대
그때 비를 막아준 그대
그때 비를 멈춰준 그대
더욱 생각난다.
고맙다.
한동안 우산이 되어줘서.
이제
우산이 되어줄 사람
또 누가 있을까?

버리지 못하는 사진

오랫동안 정리를 미뤘던
지갑을 뒤져 봤더니
여전히 우리가 같이 찍었던
사진이 있다.
'아 아직도 버리지 않았구나.'
한참 사진을 쳐다보고
다시 지갑 안으로.
버리지 못한 것은
사진이 아니라
그대와의 추억과
그대에 대한 미련이다.

미련

미련을 버리고 싶을 때
특히 한 사람에 대한 미련
'아니야,난 버릴 수 없다.'
라는 생각이 문득 떠오른다.
이때
머리로 가슴에 물어봐라.
버릴 수 없는 걸까?
아니면 버리지 않으려는 걸까?
세상에는
버릴 수 없는 미련은 없다.
버리지 않으려는 미련만 있다.

지갑

사귀면서
추억이 제일 남는 곳은
지갑이다.
함께 갔던 곳의 영수증
그리고
함께 찍었던 사진
하나하나씩
소중히
지갑에 넣고
간직했는데
헤어진 후에
하나하나씩
꺼내서
버려야 한다.
추억이 많이 남는 곳에서 꺼내어
버려야 한다.

휴지

휴지처럼
맑으면서
깨끗하게
시작해서
끝날 때는
휴지조각처럼
쉽게 버리고
아무 미련 없이
싹 다 지워 버렸다.
오랫동안 쌓여 왔던
추억도
사랑도
정도.

신호등

빨간불 앞에

서 있는 내가

앞으로 가지 못하고

멍하게 서서

기다리고 있다.

하염없이 하늘만 보다가

어느새

바뀌어 버린 신호등.

초록불이네요.

가야 할 때군요.

It's time to go.

It's time to move on.

미움

사랑한 만큼
상처가 깊을수록
미움이 더 심해진다.
사랑했기 때문에
믿었기 때문에
미워한다.
하지만 아픈 것도
미워하기 때문이다.
미움을 버리면
덜 아플 수도
있을 것 같다.
나는 그렇게 믿는다.

한 (恨)

삶을 살면서
미운 사람이 많죠.
한 사람에게 한을 가진 것은
사실 힘든 거죠.
볼 때마다 화가 나고
잘난 모습이 보였으면
질투가 나고
이 두 가지의 감정이 올라오면
결국 자기를 힘들게 해요.
심지어
한을 가지고 생을 마감할 때까지
한 사람을 미워하면
얼마나 아깝고 아쉬운 일일까요?
그래서 너무 늦기 전에
한을 내려놓아야 돼요.
한을 가지고 죽지 않도록.

목감기

사랑 뒤에 온 이별
이별이 준 아픔은
목감기같은 아픔이다.
침을 넘길 때마다 아프고
머리가 찌릿하게 아픈 것처럼
우리 둘만의 흔적이
조금이라도 스치면
머리가 아프고
온몸이 아프다.
그래도 어쩔 수 없게
침을 넘기는 것처럼
흔적이
추억이
안 스칠 수는 없다.
하지만 조금만 더 지나면
감기도 다 나을 거고
아픔도 다 나을 것이다.

헤어짐 - 1

헤어지는 것은
큰 병에 걸린 것.
이 병은
도와줄 의사님이 없고
먹을 수 있는 약도 없고
오로지 자신의 힘으로
나을 수밖에 없다.
짧은 시간으로 나을 수도 있고
긴 시간으로 나을 수도 있고
영영 낫지 못할 수도 있다.
영영 낫지 못한다면
그 병이 있다는 것에
익숙해져서
같이 살아갈 수밖에 없다.

헤어짐 - 2

헤어지는 것은
깊은
어두운
동굴 안으로
떨어지는 것.
그 안은
아무것도 안 보일 정도로
어둡다.
하지만
자신의 힘으로
스스로
동굴 안에서
탈출한다면
세상이
예전보다
더욱더 빛이 난다.

헤어짐 - 3

헤어지고
애인은 잃었지만
얻은 것은
더 강해진 마음과
세상을
더 아름답게 보는
눈입니다.
어두운 시간을 지나야
세상의 빛을
인식할 수 있게 됩니다.
흉터가 있어서
피부가 더 단단해집니다.

혼자서 느낀 것들

혼자서도

잘할 수 있구나.

혼자서도

잘 지낼 수 있구나.

혼자서도

많이 느낄 수 있구나.

혼자서도

행복할 수 있구나.

혼자서도

눈물을 흘리지 않을 수 있구나.

누군가가

필요 없구나.

아픔의 끝

이별 그 후에
서로를 잊는다는 것은
가장 시간이 걸리고
가장 아프다.
서로를 지운다는 것
서로를 잊는다는 것
그동안 아파했던 만큼
그 끝에는 행복해질 것이다.

둘의 이야기

헤어진 지 벌써
5년이 됐네요.
잘 지내셨나요?
그때 우리는
참 좋았지만
참 아팠죠?
서로만을 바라봤던
그때
다가오는 이별도
눈치채지 못했죠?
어렸던 우리는
어설펐던 우리는
서로에게 아픔
상처만 남겼죠?

−갑작스레
우리 둘의 이야기가 떠오르는 밤에

조용한 밤 솔직한 밤

봄바람이

불어오는

어느 밤

갑자기

울리는

전화 한 통

전화기 너머

오랜만에

들려오는

그대의 목소리

정말 사랑했냐고

물어보는 목소리

나는

솔직하게 답했다.

이 밤은 너무 조용하다.

거짓말할 수 없을 만큼

조용하다.

훗날의 그대

한참이 지나서
다시 만나면
그대는
어떤 모습으로 나타날까?
잔인하게 그대를 버린 나는
그저
그대가 나를 완전히 잊을 수 있길
그대가 정말 행복해질 수 있길
나보다 더 좋은 사람을 찾을 수 있기만
바라고 있다.
그런 모습으로
내 앞에 나타날 수 있을까?

5장

변함없이 바뀌는
우리의 계절

봄 샤워

봄 가운데
갑자기 내리는
봄비.
봄의 떠남
여름의 다가옴을
예고합니다.
스쳐간 봄
스쳐간 따뜻함
스쳐간 포근함
하나하나를
간직하고
그리워할 겁니다.

얼음이 녹는다

뜨거운 날씨에
얼음이 녹는다.
흔적없이
녹는다.
우리 둘만의 비밀도
우리 둘만의 느낌도
흔적없이
녹는다.
그대가 남긴 흔적도
얼음처럼
흔적없이
녹는다.

겨울 노래

추웠던 겨울이 지나고
뜨겁고 뜨거운 여름이 오고
겨울의 추위는
흔적없이 사라졌고
남아있는 것은
겨울 노래밖에 없다.
짙은 겨울의 추억들도
겨울을 따라서
흩어지고
노래에만 낙인찍혔다.
그 추억들이 사라질까봐
겨울 노래를 들으며
한번씩 떠올린다.
겨울에 나타났던
사람들.
느낌들.
추억들.

바람이 이는 날

어느 여름날에
바람이 일었네.
태양을 가렸던
구름은 바람에 따라
떠나가고
하늘이 다시 맑아졌네.
불어오는 바람에
머리는 망가졌지만
그래도 괜찮아.
바람이 일어서
하늘이 예쁘잖아.
바람이 일어서
발걸음이 시원해지잖아.
바람이 일어서
기분이 좋아지잖아.

한여름의 새벽 길가

뜨거운 한여름
아무도 없는 새벽 길가
비가 뚝뚝 내리고
노란 가로등 불빛 아래
홀로 걷고 있는 나.
한여름의 새벽 길가는
낮처럼 덥지 않고
비바람이 불어오며
선선한 느낌이다.

여름 이야기 - I

그해 여름에

낯선 그대를

처음으로 만난 내가

어느새

낯을 익히고

절친이 된 우리.

서로가 어색했던 시절은

이미 멀리 떠났고

뜨거운 여름이

우리의 사이를

한 뼘 더 가까이

만들었죠.

앞으로 같이 지날 여름들은

아직도 많이 남아있죠.

여름 이야기 - 2

유난히 비가 많았던

그해 여름

누구보다 뜨거운 사랑을 했던 우리.

수업이 끝날 때쯤

갑자기 내렸던 폭우 속에서

우산을 깜빡하고

어딘가에 가려고

비를 맞으며

이리저리 뛰었던 그해 여름.

이제는

똑같이 비가 내려도

다시 돌아올 수 없는

그해 여름이지만

이미 좋은 기억으로

간직했습니다.

여름 이야기 - 3

그해 여름
내 마음처럼
파도가 출렁이며
시원한 바람이 불어오던
바닷가에서
모래 위에 앉았던
우리.
서쪽으로 서서히 지는
해를 보며
단둘만의 소원을 빌었던
우리.
저녁 노을빛을 보며
서로의 손을 잡고
모래 위를 걸었던
우리.

여름 이야기 - 4

뜨거운 여름날의
추억들은
늘 시원시원합니다.
날이 뜨거웠던 만큼
친해지던 모든 사이들
더운 날씨에 흘린 땀에
옷이 흠뻑 젖어도
괜찮습니다.
그해 여름은
우리 서로가 있어서
마냥 행복했습니다.

여름 이야기 - 5

어느 날 사진첩을 뒤져

그해 여름

여름의 꼬리를 꽉 잡아서

한때 즐거웠던 우리를

되돌아본다.

눈부신 햇살 아래서

서로에게 물을 뿌리며

물싸움을 하던 우리.

모닥불을 피우고

춤을 추던 우리.

이번 여름의 끝이 다가왔으므로

그해 여름의 추억

그해 여름의 이야기가 된

그 모든 날들의

생각들은

흑백 필름처럼

멈추었다.

낮잠

여름에 제일 행복한 시간은
낮잠을 자는 시간이다.
무더위를 피할 수 있고
오랫동안 쌓여온
정신적인 피곤과
육체적인 피곤도
한방에 치울 수 있다.
배터리 1%만 남아 있는 핸드폰에
충전기를 꽂은 느낌이다.
참 행복하다.

폭우

나는 여름에 흔히 내리는 폭우가 좋다.

사람들은 비가

특히 폭우가 내릴 때

너무 싫다고 하지만

나는 너무 좋다.

폭우가 내릴 때

급히 우산을 찾거나

비를 피할 곳을 찾는 사람과 달리

나는 움직이지도 않고

그냥 비를 맞기만 한다.

내 마음을

깨끗이 씻어낸 느낌이 든다.

그래서 폭우가 좋다.

여름 감성

여름의 감성은
비가 오는 오후에
가장 풍부하다.
옛날에
걱정 없이
웃음들만 가득했던
철없는 시절이 떠오르니까.
빗속에
유독
새록새록
사무치는
옛날의 생각과
여름의 감성.
이 비가
멈추지 않길.

여름이 지나면

여름이 지나면
우리 사이는
차가운 가을 바람에
식어갈까?
더 이상 내리지 않을 비에
말라갈까?
두꺼워진 옷깃에
멀어질까?
떨어지는 낙엽처럼
우리 사이도
떨어질까?

여름의 꽃 한 송이

뜨겁던 여름날에
가장 아름답고
찬란하게
피어나던 꽃 한 송이는
가을의 바람에
꽃잎이 하나둘씩 떨어지며
시들고 말았습니다.
아무리 아름다웠어도
이제는 그리워할 수밖에.
다음 여름을
기다릴 수밖에
없습니다.

가을

두꺼워진 옷깃에
살살 불어오는 바람에
말라진 두 입술에
가을의 기운이
온몸으로 느껴진다.
가을을 따라서
흩어지고 있던
우리들의 기억도
뜨거웠던
네가 남은 흔적도
말라간다.

살랑거리는 가을, 흔들리는 마음

집에서 나오자마자
살짝 시원하다 느낄 때.
바닥 위에서 낙엽들이 춤추고
발걸음이 가벼워질 때.
불어오는 바람에
길거리를 걸어도 땀이 나지 않을 때.
여름은 슬쩍 가고
가을은 슬쩍 왔다.
바람에 살랑거리는
이 계절에
내 마음은
어떻게 흔들리게 될까?

소싹소싹

다가오는 가을 사이
어느 밤
혼자서 길을 걸으며
이 밤에 마음을
생각해본다.
살살 불어오는 바람에
아픈 추억도 불어오네요.
괜찮아.
바람에 흔들리는 나무 소리
소싹소싹
이 어린 마음을
달래준다.
가슴이 무너지는
이 계절이 와도
정말 괜찮아.

낙엽이 진다

깊은 가을에
살살 불어오는 바람에
가뭄에 시든 나뭇잎이
땅으로 떨어진다.
향기로운 봄과 달리
약간의 쓸쓸함이 있는
이 계절에
흩날리는 것은
꽃잎이 아니라
나뭇잎이다.
외로움이 바람에 불리는
깊은 가을에
낙엽이 진다.

어느 가을날

옷깃을 스치는
시원한 바람에
점점 추워지는 이 계절.
뜨거움에서
따뜻함으로
따뜻함에서
시원함으로
시원함에서
차가움으로
추워지는 과정이
버티기 정말 힘들고
가슴이 베이는 듯
정말 아프다.
반쯤 지난 가을의 어느 날
이제 꽁꽁 얼린 겨울도
곧 오겠지?

가을에는 겨울을 기다린다

살짝만 추워졌는데
내 마음은 이미
겨울에 가있다.
시리고 추운 겨울이지만
그 속에서 일어난 일들은
한없이 따스하고
따뜻하게 느껴진다.
살짝 추워진 가을에는
겨울을 기다린다.

늦은 가을밤

깊어져버린
가을처럼
깊어져버린
가을의 밤.
무척 시원하고
찬 바람이 불어오는
쌀쌀한 밤.
매미들의 노래는
하나둘씩 줄어들고
아무 소리 없는
조용한 밤.
여전히 홀로 서 있고
지치고
외로운 밤.

가을 석양

해질녘
산에 올라가
가을의 석양을 보았습니다.
바람에 흔들리는 나무
잎이 땅으로 떨어지는 소리
노을빛과
내 얼굴 위로 지는
억새의 그림자.
점점 어두워지고
가을의 밤이 찾아왔습니다.
가을의 석양은
가을처럼
늘 짧아
어느새 사라졌습니다.

겨울맞이

날이 추워질수록
나뭇잎은 빨갛게 물들어요.
나뭇잎이 빨갛게 물들수록
가슴은 뜨거워지네요.
이 쌀쌀한 가을의 어느 날에
들어버린 단풍을 보며
온몸이 뜨거워지네요.
맞아요.
곧 겨울이에요.
빨간 물감 아래
뜨거워진 마음
뜨거워진 몸으로
시린 겨울을 맞이해요.

봄날

쌀쌀한 가을이 지나고
시린 겨울이 왔네요.
마음을 준비하는 시간을 거치고
땅 위에 내린 빗물도
꽁꽁 언 계절이 왔네요.
날이 추워질수록
저기 멀리서
오고 있는
봄날이 생각나네요.
이 추운 날의 끝에
따뜻한 봄날이 있다는 생각에
아무리 추워도
온몸이 따뜻한 것 같네요.

여름 노래

덥디더운 여름이 지나고
춥디추운 겨울이 오고
여름의 더위는
흔적없이 사라졌고
남아있는 것은
여름 노래밖에 없다.
짙은 여름의 추억들도
여름을 따라서
흩어지고
노래에만 낙인찍혔다.
그 추억들이 사라질까봐
여름 노래를 들으며
한번씩 떠올린다.
여름에 나타났던
사람들.
느낌들.
추억들.

눈꽃이 피어나는 길

계절이 바뀌면서
꽃이 피어나던 길은
이제
눈꽃이 피어나는 길이 되었다.
다채롭게 피어나던 꽃이
눈을 맞아
온통 하얗게 물들었다.
끝없이 내리는 눈이
길바닥에 떨어져
눈꽃이 피어난다.

사라지는 꽃

추운 날씨에
하나둘씩
시들어가는 꽃
점점 사라지고 있다.
기나긴 겨울을
견디지 못해
한없이 예쁘게
피어나지 못하는 꽃들
기다릴게.
긴 겨울 끝에
그 봄에 서 있을게.
그때 다시 만나.

억새

쌀쌀했던 가을이 지나고
점점 추워지는 겨울이 오면
모든 식물은
점점 시들어간다.
모든 것이 시들어가도
억새는 여전히
그 자리에서
바람을 따라
흔들리고 있다.
그리고 억새처럼
계절이 오가도
날씨가 바뀌어도
여전히 그 자리에 서 있는
사람이 있다.

비가 오는 겨울밤

창밖에 뚝 뚝 뚝
내리는 빗물에
잠을 이룰 수 없는
밤이 되었다.
평소에는 나지막이 들리는
빗소리가
오늘따라
마음을 흔든다.
이불을 덮고
또 덮어도
빗소리가 들려오는
이불 속은
춥고
외롭다.

추운 비

겨울에 비가 내리면
유독 쓸쓸하고
외로운 느낌이 든다.
원래 비가 와도
우산을 잘 쓰지 않는 내게
차가운 빗물이 내려와
마음의 깊은 속까지
차가움이 들어온다.
안 그래도
꽁꽁 얼어있던 마음을
더욱더 딱딱하게
만들었다.

겨울 감기

춥고
차가운 겨울에
감기에 걸리면
그 어느 때보다
힘들고
아프다.
아무리 많은 이불을 덮어도
아무리 많은 옷을 입어도
온몸이 시리다.
겨울에 감기에 걸린 것
마치 겨울에 너를 잃은 것처럼
힘들고
아프다.

겨울 종소리

열광했던 날이
한 달이나 지나고
여전히 들려오는
겨울의 종소리.
겨울의 끝이
점점 다가오고 있음을
알리는
겨울의 종소리.
봄
여름
가을과
하나도 어울리지 않지만
겨울과는
유난히 어울리는
종소리.

겨울 기차

겨울에 출발한 기차는
다시 돌아오지 않는다.
슬슬 추워지며
옷깃을 꾹꾹 여미던 날이
엊그제 같은데
벌써 겨울의 기차는
떠나갔다.
겨울의 감정
겨울의 감성
겨울의 감동
하나하나가
그리울 것이다.

봄인 줄 알았나 봄

며칠 동안
덜 추우면서
조금 따뜻해져서
봄인 줄 알았는데
언제나 바뀌는 계절처럼
또 다시 추워지고
다시 겨울이 온 것처럼
센 바람이 또 다시 불어온다.
올 듯 말 듯한
손에 잡힐 듯 말 듯한 봄은
언제 올까?

끝 눈

오늘 내린 눈은
아마도
이번 겨울의 끝 눈이겠지.
이제는
더 이상 추워지지 않겠지.
곧
따뜻해지겠지.
시리고 추운 겨울이
곧 지나가겠지.
서러움과
그리움이 많던 겨울이
곧 지나가겠지.

슬쩍 봄

따스한 햇살

약해진 바람

높아진 온도

땀에 젖은 옷

눈부신 하늘

벗고 싶은 코트

봄이 슬쩍

우리에게 왔다.

이 길을 다 걸으며

오랫동안 참아왔던

추위를 깨고

그 끝에 봄이 서 있다.

슬쩍 온 봄

갈 때는

부디 말해 주시오.

봄 이야기 - 1

추운 겨울이 지나고
꽃이 피는 계절
봄이 드디어 왔습니다.
흩날리는 꽃잎처럼
따뜻해진 날씨처럼
다시 밝아진 햇살처럼
살랑거리는 마음으로
올봄의 이야기를
맞이할 준비를 합니다.
유독 짧은 이 계절에
유독 설레는 이야기도
많을 것 같습니다.

봄 눈

이른 봄
갑자기 싸늘해진 날씨
갑자기 불어오는 바람
꽃샘추위에
갑자기 쏟아지는 눈
온 세상이 다시
하얗게 물들었다.
봄에게 자리를 뺏긴 겨울이
억울함을
마지막으로 호소하는 것처럼
있는 힘을 다해서
세상을 다시 춥게 만들었다.
미안해요.
그대의 자리를 못 지켜서.
그대를 아껴주지 못해서.
미안해요.
벌써 봄이어서.

이른 봄

해가 뜨면
따뜻한 봄이지만
해가 저물면
다시 추워지는
이른 봄.
아직은 쌀쌀한 바람이
불어오지만
바람을 따라 불어오는
꽃의 향기와
떨어지는 꽃잎이
우리에게
봄이 왔다고
이미 알려줬다.

눈.비

따스하게
내리쬐는 햇살에
옥상에 쌓여있던
눈이 점점 녹았다.
녹은 눈은
물이 되어
비처럼
꽁꽁 얼어있던
바닥에 내리고
메말랐던
땅을 적셨다.
기다리고 기다리던
오랜만에 찾아온 봄에
땅이 다시 따뜻해지고
다시 젖었다.

눈사람

그대와 함께 거닐던 그 길에서
그때
그대의 목소리가 내 마음을 녹였던
그때
이때
흘러나오는 봄노래가 내 마음을 녹이는
이때
문 앞에 우두커니 서 있던 눈사람도
봄노래에 녹았네요.
녹은 눈사람이
우리의 끝인가요?
녹은 눈사람이
우리의 마지막 추억인가요?
녹은 눈사람이
그대가 남긴
마지막 흔적인가요?

그리워하나 봄

봄이 와서 그런지
봄을 타서 그런지
봄을 닮아서 그런지
요즘따라
네가 너무 그리워..
봄처럼
우연히 내게 왔던
또 어느새 사라진
그대를
그리워하나 봄.

바람.나무.꽃잎.눈물

따뜻하면서도
살짝 불어오는
쌀쌀한 봄바람에
살살 흔들리는 나무는
죄가 없다.
쌀쌀한 봄바람에
꽃잎이 떨어져도
죄가 없다.
따뜻한 계절이 와도
따뜻함을 느낄 수 없어서
우울해서
서운해서
섭섭해서
눈물이 흘러도
죄가 없다.

봄비

우연히
갑자기
우리에게 오는
땅에 쏟아지는
봄비
추위를 씻어내고
슬픔을 씻어내고
지난 겨울에 아팠던
추억들도
씻어낸다.

화사한 봄

우울하고 쓸쓸한
겨울이 지나면
맑고 따뜻한
봄이 오는 것처럼
비가 온 하루가 지나면
화사한 하루가 왔습니다.
어제 어두워 보였던 봄꽃도
따뜻한 햇살에 비춰져
화사한 봄을 더 화사하게
만들었습니다.
햇살에 비춰진 꽃잎처럼
화사한 봄은
여전히 아름답습니다.

봄 이야기 - 2

저 끝까지
피어나는 벚꽃을 보며
참 예뻐서
가슴이 설레지만
마냥 기뻐하지는 못했다.
이만큼 멋진 풍경에
홀로 있는 모습이
너무 초라해서
마냥 기뻐하지는 못했다.
그대가 아직 옆에 있다면
함께 볼 수 있다면
얼마나 좋을까?

벚꽃이 눈처럼 내리면

봄답지 않은
차가운 바람이 불어오면
한창 피어난 벚꽃잎이
공중에 흩날리다
마치 겨울이 다시 와
눈이 오는 것처럼
땅바닥에 내린다.
고운 벚꽃의 마지막 모습도
그리 아름답고
찬바람 속에 날려도
그리 따뜻하고
설레게 한다.
벚꽃이 눈처럼 내리면
봄을 타더라도
제대로 느껴보려고 한다.

봄 이야기 - 3

청춘은 한없이 아름답고
행복하다고들 하지만
실은 무척 아프고
힘든 일도 많아요.
그런데 왜
아픈 청춘을 이 악물고
다 견뎌내도
좀처럼 아름다운
봄이 오지 않았을까요?
얼떨결에 지내왔던 청춘 끝에서
다시 뒤돌아보면
가장 아름다운 봄도
벌써 다 지났네요.
아름다운 봄이 슬쩍 지나가는 것처럼
인생의 봄도
아무도 모르게 지나가네요.

세월

세월이 지나도
세월의 슬픔
세월의 아픔
세월의 기억은
사라지지 않습니다.
꽃이 피는 계절에
꽃이 피는 시절에
세상을 떠나신 분들
가시는 길도
꽃길입니다.
따뜻한 봄바람이
부디 아픈 마음을
다독여 주기를.
잊지 않겠습니다.

봄의 눈

꽃이 피는 계절에
하늘에서 내리는 눈이 아닌
바람을 따라서 내리는 눈이
있습니다.
따뜻하면서도
선선한 봄바람이 불어오면
하얀 뭉치들도
내려옵니다.
겨울이 남긴 마지막 흔적처럼
봄의 눈이 내려옵니다.
여기도.
저기도.

푸른 새싹

핑크빛만 돌던
벚꽃 나무 위에서
꽃잎이 떨어지면
같은 곳에서
푸른 새싹이 돋는다.
봄이 가고
여름이 오는 것처럼
꽃이 지면 으레
또 다른 시작이다.
그러니 꽃이 졌다고
너무 슬퍼할 필요는 없다.
푸른 새싹이 이미
여름에서 기다리고 있으니까.

그대에게, 우리의 이야기

지 은 이 우야군

1판 1쇄 발행 2019년 6월 13일

저작권자 우야군

발 행 처 하움출판사
발 행 인 문현광
교정교열 홍새솔
편   집 유별리
주   소 전라북도 군산시 축동안3길 20, 2층(수송동)
I S B N 979-11-6440-033-1

홈페이지 http://haum.kr/
이 메 일 haum1000@naver.com

좋은 책을 만들겠습니다.
하움출판사는 독자 여러분의 의견에 항상 귀 기울이고 있습니다.

이 도서의 국립중앙도서관 출판예정도서목록(CIP)은 서지정보유통지원시스템 홈페이지(http://seoji.nl.go.kr)
와 국가자료종합목록 구축시스템(http://kolis-net.nl.go.kr)에서 이용하실 수 있습니다. (CIP제어번호 : CIP2019019988)